READING A
TAPE MEASURE
WORKBOOK

Copyright © 2019 by Kitty Learning

All Right Reserved

Exercise #1

Name _____   Date _____

1) Measurement Indicator

_____

2)

_____

3)

_____

4)

_____

5)

_____

6)

_____

7)

_____

8)

_____

Exercise #2

Name _____ Date _____

1)

2)

3)

4)

5)

6)

7)

8)

Exercise #3

Name ______________________ Date ______________________

1)

1 0 1 1 4 F 1 2 3
5 4 6 4 7 48 4 9 5 0 5

____

2)

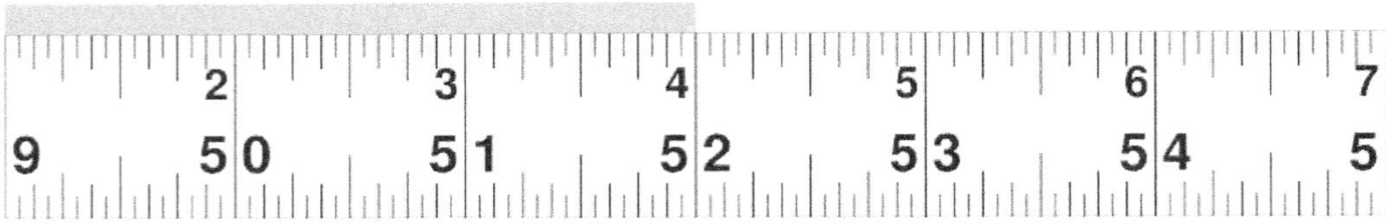

2 3 4 5 6 7
9 5 0 5 1 5 2 5 3 5 4 5

____

3)

3 4 5 6 7 8
8 3 9 4 0 4 1 4 2 4 3 4

____

4)

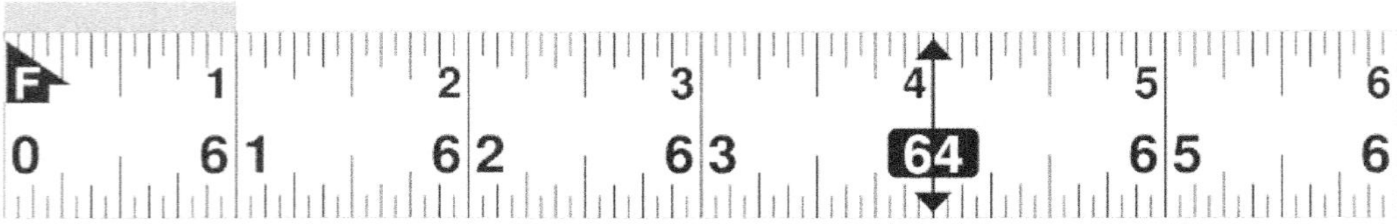

F 1 2 3 4 5 6
0 6 1 6 2 6 3 64 6 5 6

____

5)

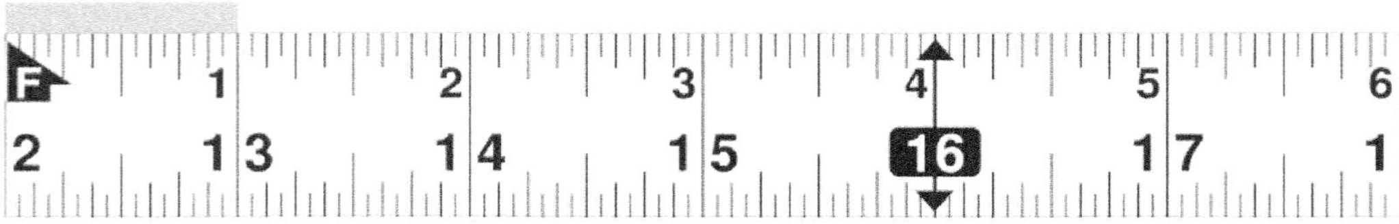

F 1 2 3 4 5 6
2 1 3 1 4 1 5 16 1 7 1

____

6)

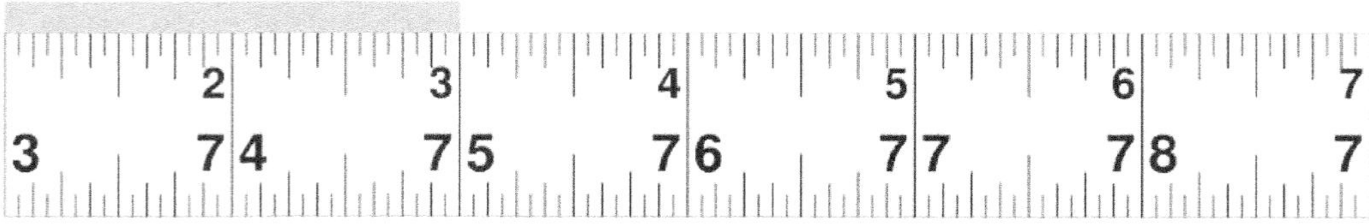

2 3 4 5 6 7
3 7 4 7 5 7 6 7 7 7 8 7

____

7)

1 2 3 4 5 6

____

8)

F 1 2 3 4 5 6
6 3 7 3 8 3 9 4 0 4 1 4

____

Exercise #4

Name _____ Date _____

1)

2)

3)

4)

5)

6)

7)

8)

Exercise #5

Name _____ Date _____

1) _____

2) _____

3) _____

4) _____

5) _____

6) _____

7) _____

8) _____

Exercise #6

Name _____ Date _____

1)

2)

3)

4)

5)

6)

7)

8)

Exercise #7

Name _____ Date _____

1) _____

2) _____

3) _____

4) _____

5) _____

6) _____

7) _____

8) _____

Exercise #8

Name _____ Date _____

1) _____

2) _____

3) _____

4) _____

5) _____

6) _____

7) _____

8) _____

Exercise #9

Name _____ Date _____

1)

2)

3)

4)

5)

6)

7)

8)

Exercise #10

1)
0   1|1   1|F   1   2   3   4
        1|2   1|3   1|4   1|5   1

2)
9   1|0   1|1   1|F   1   2
                    1|2   1|3   1

3)
0   9   1|0   1|1   2|F   1   2
    2|1   2|2   2|3   2|4   2|5   2

4)
7   1|0   1|1   5|F   1   2   3
    5|8   5|9   6|0   6|1   6|2   6

5)
1   6|F   1   2   3   4   5
1   7|2   7|3   7|4   7|5   7|6   7

6)
F   1   2   3   4   5   6
0   6|1   6|2   6|3   64   6|5   6

7)
1   8   9   1|0   1|1   3|F   1
    32   3|3   3|4   3|5   3|6   3

8)
0   1|1   3|F   1   2   3   4
4   3|5   3|6   3|7   3|8   3|9   4

Exercise #11

Name _____ Date _____

1) _____

2) _____

3) _____

4) _____

5) _____

6) _____

7) _____

8) _____

Exercise #12

1) _____

2) _____

3) _____

4) _____

5) _____

6) _____

7) _____

8) _____

Exercise #13

Name _____ Date _____

1) _____

2) _____

3) _____

4) _____

5) _____

6) _____

7) _____

8) _____

Exercise #14

Name _____ Date _____

1)

_____

2)

_____

3)

_____

4)

_____

5)

_____

6)

_____

7)

_____

8)

_____

Exercise #15

Name _____ Date _____

1) _____

2) _____

3) _____

4) _____

5) _____

6) _____

7) _____

8) _____

Exercise #16

Name _____ Date _____

1) _____

2) _____

3) _____

4) _____

5) _____

6) _____

7) _____

8) _____

Exercise #17

Name _____ Date _____

1) _____

2) _____

3) _____

4) _____

5) _____

6) _____

7) _____

8) _____

Exercise #18

Name _____ Date _____

1) _____

2) _____

3) _____

4) _____

5) _____

6) _____

7) _____

8) _____

Exercise #19

Name _____ Date _____

1) _____

2) _____

3) _____

4) _____

5) _____

6) _____

7) _____

8) _____

Exercise #20

Name _____ Date _____

1) _____

2) _____

3) _____

4) _____

5) _____

6) _____

7) _____

8) _____

Exercise #21

Name _____ Date _____

1) _____

2) _____

3) _____

4) _____

5) _____

6) _____

7) _____

8) _____

Exercise #22

Name _____ Date _____

1)

2

3

4

5

6

7

_____

2)

1

2

3

4

5

6

_____

3)

2
7 3 8

3
3 9

4
4 0

5
4 1

6
4 2

7
4

_____

4)

2

9
3 3

10
3 4

11
3 5

3 F
3 6

1
3 7

2
3

_____

5)

7 5 8

10
5 9

11
6 0

5 F

1
6 1

2
6 2

3
6

_____

6)

9

10

11

1 F

1
1 2

1
1 3

2
1

_____

7)

4

5

6

7

8

9

_____

8)

5 7 6

4
7 7

5
7 8

6
7 9

7

8
80

8
9

_____

Exercise #23

Name _____ Date _____

1) _____

2) _____

3) _____

4) _____

5) _____

6) _____

7) _____

8) _____

Exercise #24

Name _____ Date _____

1) _____

2) _____

3) _____

4) _____

5) _____

6) _____

7) _____

8) _____

Exercise #25

Name _____   Date _____

1) _____

2) _____

3) _____

4) _____

5) _____

6) _____

7) _____

8) _____

Exercise #26

Name _____ Date _____

1) _____

2) _____

3) _____

4) _____

5) _____

6) _____

7) _____

8) _____

Exercise #27

Name _____ Date _____

1) _____

2) _____

3) _____

4) _____

5) _____

6) _____

7) _____

8) _____

Exercise #28

Name _____ Date _____

1) _____

2) _____

3) _____

4) _____

5) _____

6) _____

7) _____

8) _____

Exercise #29

Name _____ Date _____

1) _____

2) _____

3) _____

4) _____

5) _____

6) _____

7) _____

8) _____

Exercise #30

Name _____ Date _____

1) _____

2) _____

3) _____

4) _____

5) _____

6) _____

7) _____

8) _____

Exercise #31

Name _____ Date _____

1) _____

2) _____

3) _____

4) _____

5) _____

6) _____

7) _____

8) _____

Exercise #32

Name _____ Date _____

1) _____

2) _____

3) _____

4) _____

5) _____

6) _____

7) _____

8) _____

Exercise #33

Name _____ Date _____

1) _____

2) _____

3) _____

4) _____

5) _____

6) _____

7) _____

8) _____

Exercise #34

Name _____ Date _____

1) _____

2) _____

3) _____

4) _____

5) _____

6) _____

7) _____

8) _____

Exercise #35

Name _____   Date _____

1) _____

2) _____

3) _____

4) _____

5) _____

6) _____

7) _____

8) _____

Exercise #36

Name _____ Date _____

1) _____

2) _____

3) _____

4) _____

5) _____

6) _____

7) _____

8) _____

Exercise #37

Name _____ Date _____

1) _____

2) _____

3) _____

4) _____

5) _____

6) _____

7) _____

8) _____

Exercise #38

Name _____ Date _____

1) _____

2) _____

3) _____

4) _____

5) _____

6) _____

7) _____

8) _____

Exercise #39

Name _____ Date _____

1) _____

2) _____

3) _____

4) _____

5) _____

6) _____

7) _____

8) _____

Exercise #40

1) _____

2) _____

3) _____

4) _____

5) _____

6) _____

7) _____

8) _____

Exercise #41

Name _____ Date _____

1) _____

2) _____

3) _____

4) _____

5) _____

6) _____

7) _____

8) _____

Exercise #42

Name _____ Date _____

1)

2)

3)

4)

5)

6)

7)

8)

Exercise #43

Name _____ Date _____

1) _____

2) _____

3) _____

4) _____

5) _____

6) _____

7) _____

8) _____

Exercise #44

Name _____ Date _____

1) (ruler 1–6)

_____

2) (ruler 7–11, 42–47)

_____

3) (ruler 10–11, 93–98)

_____

4) (ruler 6–10, 89–94)

_____

5) (ruler 5–9, 28–33)

_____

6) (ruler 1–6, 72–77)

_____

7) (ruler 5–9, 40–45)

_____

8) (ruler 8–12)

_____

Exercise #45

Name _____ Date _____

1) _____

2) _____

3) _____

4) _____

5) _____

6) _____

7) _____

8) _____

Exercise #46

Name _____ Date _____

1) _____

2) _____

3) _____

4) _____

5) _____

6) _____

7) _____

8) _____

Exercise #47

1) _____

2) _____

3) _____

4) _____

5) _____

6) _____

7) _____

8) _____

Exercise #48

Name _____ Date _____

1) _____

2) _____

3) _____

4) _____

5) _____

6) _____

7) _____

8) _____

Exercise #49

1) _____

2) _____

3) _____

4) _____

5) _____

6) _____

7) _____

8) _____

Exercise #50

Name _____ Date _____

1) _____

2) _____

3) _____

4) _____

5) _____

6) _____

7) _____

8) _____

Exercise #51

Name _____ Date _____

1) _____

2) _____

3) _____

4) _____

5) _____

6) _____

7) _____

8) _____

Exercise #52

Name _____ Date _____

1) _____

2) _____

3) _____

4) _____

5) _____

6) _____

7) _____

8) _____

Exercise #53

Name _____ Date _____

1) _____

2) _____

3) _____

4) _____

5) _____

6) _____

7) _____

8) _____

Exercise #54

Name _____ Date _____

1) _____

2) _____

3) _____

4) _____

5) _____

6) _____

7) _____

8) _____

Exercise #55

Name ____________________ Date ____________________

1)

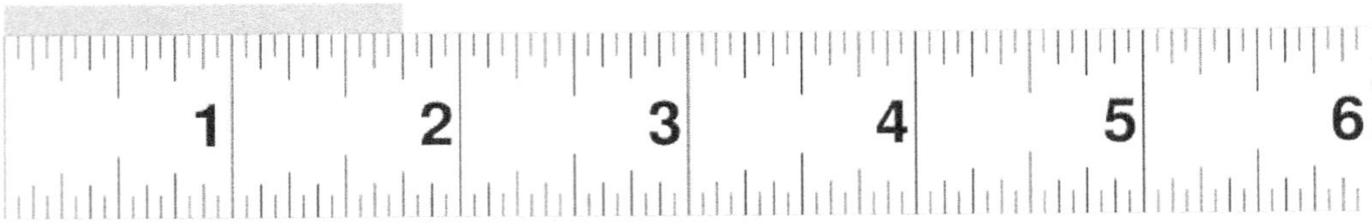
1 2 3 4 5 6

______

2)

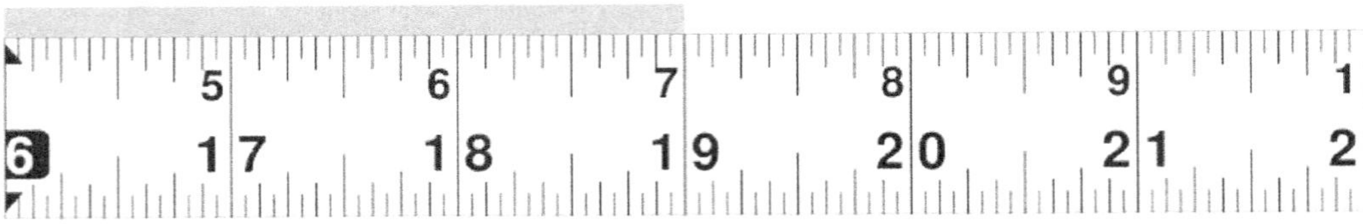
5 6 7 8 9 1
6 17 18 19 20 21 2

______

3)

9 10 11 2F 1 2
0 21 22 23 24 25 2

______

4)

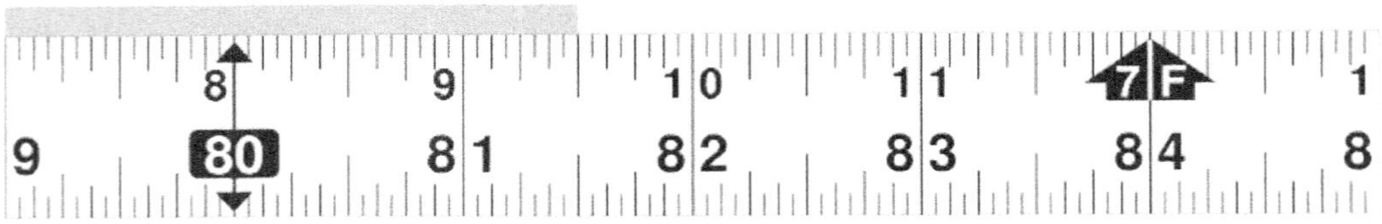
8 9 10 11 7F 1
9 80 81 82 83 84 8

______

5)

9 10 11 4F 1 2
4 45 46 47 48 49 5

______

6)

8 9 10 11 7F 1
9 80 81 82 83 84 8

______

7)

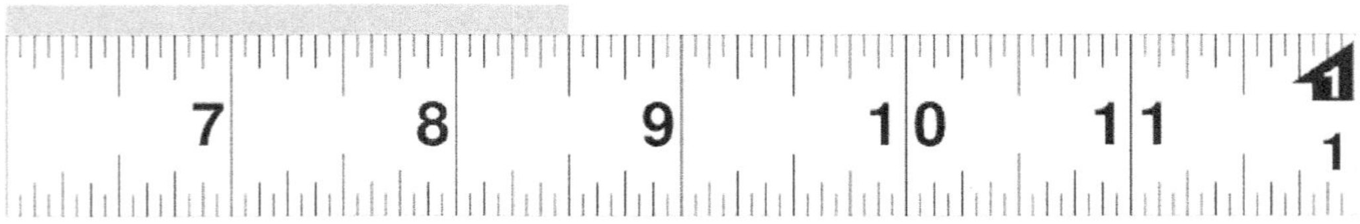
7 8 9 10 11 1
1

______

8)

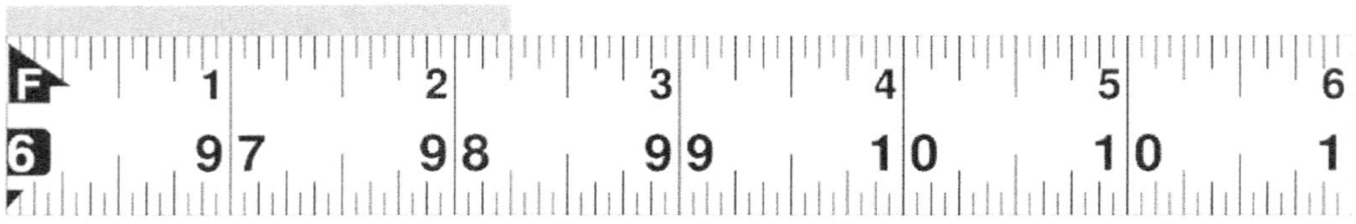
F 1 2 3 4 5 6
6 97 98 99 10 10 1

______

Exercise #56

Name _____ Date _____

1)
1   7 F   1   2   3   4   5
3   84   85   86   87   88   8

_____

2)
4   5   6   7   8   9

_____

3)
1   4 F   1   2   3   4   5
7   48   49   50   51   52   5

_____

4)
1   2   3   4   5   6   7
1   62   63   64   65   66   6

_____

5)
1   3 F   1   2   3   4   5
5   36   37   38   39   40   4

_____

6)
2   3   4   5   6   7
5   26   27   28   29   30   3

_____

7)
2   3   4   5   6   7
7   38   39   40   41   42   4

_____

8)
6   7   8   9   10   1
7   18   19   20   21   22   2

_____

Exercise #57

Name _____ Date _____

1) _____

2) _____

3) _____

4) _____

5) _____

6) _____

7) _____

8) _____

Exercise #58

Name _____ Date _____

1) _____

2) _____

3) _____

4) _____

5) _____

6) _____

7) _____

8) _____

Exercise #59

Name _____ Date _____

1) _____

2) _____

3) _____

4) _____

5) _____

6) _____

7) _____

8) _____

Exercise #60

1) _____

2) _____

3) _____

4) _____

5) _____

6) _____

7) _____

8) _____

Exercise #61

Name _____ Date _____

1) _____

2) _____

3) _____

4) _____

5) _____

6) _____

7) _____

8) _____

Exercise #62

Name _____ Date _____

1) _____

2) _____

3) _____

4) _____

5) _____

6) _____

7) _____

8) _____

Exercise #63

1) _____

2) _____

3) _____

4) _____

5) _____

6) _____

7) _____

8) _____

Exercise #64

Name _____ Date _____

1) _____

2) _____

3) _____

4) _____

5) _____

6) _____

7) _____

8) _____

Exercise #65

Name _____ Date _____

1)

2)

3)

4)

5)

6)

7)

8)

Exercise #66

Name _____ Date _____

1) _____

2) _____

3) _____

4) _____

5) _____

6) _____

7) _____

8) _____

Exercise #67

Name _____ Date _____

1) _____

2) _____

3) _____

4) _____

5) _____

6) _____

7) _____

8) _____

Exercise #68

1) _____

2) _____

3) _____

4) _____

5) _____

6) _____

7) _____

8) _____

Exercise #69

Name _____ Date _____

1) _____

2) _____

3) _____

4) _____

5) _____

6) _____

7) _____

8) _____

Exercise #70

Name _____ Date _____

1) _____

2) _____

3) _____

4) _____

5) _____

6) _____

7) _____

8) _____

Exercise #71

1) _____

2) _____

3) _____

4) _____

5) _____

6) _____

7) _____

8) _____

Exercise #72

Name _____ Date _____

1)

2)

3)

4)

5)

6)

7)

8)

Exercise #73

Name _____ Date _____

1) _____

2) _____

3) _____

4) _____

5) _____

6) _____

7) _____

8) _____

Exercise #74

Name _____ Date _____

1) _____

2) _____

3) _____

4) _____

5) _____

6) _____

7) _____

8) _____

Exercise #75

Name _____ Date _____

1) _____

2) _____

3) _____

4) _____

5) _____

6) _____

7) _____

8) _____

Exercise #76

Name _____ Date _____

1) _____

2) _____

3) _____

4) _____

5) _____

6) _____

7) _____

8) _____

Exercise #77

Name _____ Date _____

1) _____

2) _____

3) _____

4) _____

5) _____

6) _____

7) _____

8) _____

Exercise #78

Name _____ Date _____

1) _____

2) _____

3) _____

4) _____

5) _____

6) _____

7) _____

8) _____

Exercise #79

Name _____ Date _____

1) _____

2) _____

3) _____

4) _____

5) _____

6) _____

7) _____

8) _____

Exercise #80

Name _____ Date _____

1)   8   5   29   6   30   7   31   8   **32**   9   33   1   3   _____

2)   3   8   44   9   45   10   46   11   47   4 F   **48**   1   4   _____

3)   7   8   9   10   11   1   1   _____

4)   F   **6**   1   97   2   98   3   99   4   10   5   10   6   1   _____

5)   5   2   26   3   27   4   28   5   29   6   30   7   3   _____

6)   5   4   76   5   77   6   78   7   79   8   **80**   9   8   _____

7)   2   3   63   4   **64**   5   65   6   66   7   67   8   6   _____

8)   F   **8**   1   49   2   50   3   51   4   52   5   53   6   5   _____

Exercise #81

Name _____ Date _____

1) _____

2) _____

3) _____

4) _____

5) _____

6) _____

7) _____

8) _____

Exercise #82

Name _____ Date _____

1) _____

2) _____

3) _____

4) _____

5) _____

6) _____

7) _____

8) _____

Exercise #83

1) _____

2) _____

3) _____

4) _____

5) _____

6) _____

7) _____

8) _____

Exercise #84

Name _____ Date _____

1) _____

2) _____

3) _____

4) _____

5) _____

6) _____

7) _____

8) _____

Exercise #85

Name _____ Date _____

1) _____

2) _____

3) _____

4) _____

5) _____

6) _____

7) _____

8) _____

Exercise #86

Name _____ Date _____

1)

2)

3)

4)

5)

6)

7)

8)

Exercise #87

1) _____

2) _____

3) _____

4) _____

5) _____

6) _____

7) _____

8) _____

Exercise #88

Name _____ Date _____

1) _____

2) _____

3) _____

4) _____

5) _____

6) _____

7) _____

8) _____

Exercise #89

Name _____ Date _____

1) _____

2) _____

3) _____

4) _____

5) _____

6) _____

7) _____

8) _____

Exercise #90

Name _____ Date _____

1) _____

2) _____

3) _____

4) _____

5) _____

6) _____

7) _____

8) _____

Exercise #91

1) _____

2) _____

3) _____

4) _____

5) _____

6) _____

7) _____

8) _____

Exercise #92

1) _____

2) _____

3) _____

4) _____

5) _____

6) _____

7) _____

8) _____

Exercise #93

Name _____ Date _____

1) _____

2) _____

3) _____

4) _____

5) _____

6) _____

7) _____

8) _____

Exercise #94

Name _____ Date _____

1) _____

2) _____

3) _____

4) _____

5) _____

6) _____

7) _____

8) _____

Exercise #95

Name _____ Date _____

1) _____

2) _____

3) _____

4) _____

5) _____

6) _____

7) _____

8) _____

Exercise #96

Name _____ Date _____

1) _____

2) _____

3) _____

4) _____

5) _____

6) _____

7) _____

8) _____

Exercise #97

Name _____ Date _____

1)

2)

3)

4)

5)

6)

7)

8)

Exercise #98

Name _____ Date _____

1) _____

2) _____

3) _____

4) _____

5) _____

6) _____

7) _____

8) _____

Exercise #99

Name _____   Date _____

1) _____

2) _____

3) _____

4) _____

5) _____

6) _____

7) _____

8) _____

Exercise #100

Name _____ Date _____

1) _____

2) _____

3) _____

4) _____

5) _____

6) _____

7) _____

8) _____

Exercise #1

1) _1 ft 2 in_
2) _5 ft 2 in_
3) _11 in_
4) _7 ft 6 in_
5) _7 ft 1 in_
6) _7 ft 5 in_
7) _1 ft 7 in_
8) _2 ft 1 in_

Exercise #2

1) _2 ft 9 in_
2) _2 ft 6 in_
3) _3 ft 10 in_
4) _1 ft 2 in_
5) _4 ft 4 in_
6) _7 ft 7 in_
7) _7 ft 2 in_
8) _3 ft 8 in_

Exercise #3

1) _4 ft 2 in_
2) _4 ft 4 in_
3) _3 ft 7 in_
4) _5 ft 1 in_
5) _1 ft 1 in_
6) _6 ft 3 in_
7) _4 in_
8) _3 ft 4 in_

Exercise #4

1) _3 ft_
2) _2 ft 1 in_
3) _1 ft 6 in_
4) _5 ft 2 in_
5) _3 ft 2 in_
6) _2 ft 8 in_
7) _3 ft 5 in_
8) _7 ft 5 in_

Exercise #5

1) 5 ft 4 in
2) 4 ft 3 in
3) 8 in
4) 2 ft 1 in
5) 1 in
6) 7 ft 10 in
7) 5 ft 1 in
8) 1 ft 2 in

Exercise #6

1) 8 ft
2) 1 ft 6 in
3) 1 ft 4 in
4) 2 ft 5 in
5) 10 in
6) 2 ft 2 in
7) 6 ft
8) 5 ft 1 in

Exercise #7

1) 2 ft 6 in
2) 6 in
3) 9 in
4) 1 ft 7 in
5) 6 ft 11 in
6) 1 ft 5 in
7) 5 ft 8 in
8) 7 ft 6 in

Exercise #8

1) 7 ft
2) 5 ft 5 in
3) 7 ft 8 in
4) 3 ft
5) 2 in
6) 3 ft 6 in
7) 1 ft 11 in
8) 6 ft 1 in

Exercise #9

1) 5 ft 3 in
2) 7 ft 5 in
3) 7 ft 6 in
4) 2 ft 4 in
5) 2 ft 7 in
6) 1 ft
7) 4 ft 10 in
8) 5 ft 8 in

Exercise #10

1) 11 in
2) 9 in
3) 1 ft 9 in
4) 5 ft 2 in
5) 6 ft 2 in
6) 5 ft 1 in
7) 2 ft 10 in
8) 3 ft

Exercise #11

1) 6 ft 3 in
2) 7 in
3) 2 ft 3 in
4) 5 ft 10 in
5) 10 in
6) 3 ft
7) 4 ft 2 in
8) 2 ft 11 in

Exercise #12

1) 5 ft 6 in
2) 7 ft 9 in
3) 4 ft 8 in
4) 5 ft 3 in
5) 5 ft 4 in
6) 4 ft 3 in
7) 1 ft 11 in
8) 4 ft 10 in

Exercise #13

1) 5 ft 8 in
2) 7 in
3) 4 in
4) 2 ft 8 in
5) 1 ft 3 in
6) 7 ft 3 in
7) 2 ft 5 in
8) 4 ft 2 in

Exercise #14

1) 7 ft 2 in
2) 3 ft 10 in
3) 6 ft 4 in
4) 3 ft
5) 5 ft 4 in
6) 1 ft 11 in
7) 1 in
8) 9 in

Exercise #15

1) 1 ft 6 in
2) 11 in
3) 6 ft 8 in
4) 3 ft 3 in
5) 4 ft 2 in
6) 5 ft 1 in
7) 1 ft 2 in
8) 6 ft 3 in

Exercise #16

1) 3 in
2) 2 in
3) 4 ft 10 in
4) 4 ft 8 in
5) 1 ft 8 in
6) 1 ft 6 in
7) 6 ft
8) 7 ft 3 in

Exercise #17

1) 5 ft 4 in
2) 5 ft 7 in
3) 5 ft 6 in
4) 1 ft
5) 2 ft 4 in
6) 2 ft 9 in
7) 6 ft 5 in
8) 7 ft 3 in

Exercise #18

1) 5 ft 4 in
2) 1 ft 8 in
3) 1 ft 9 in
4) 2 in
5) 7 ft 11 in
6) 6 ft 8 in
7) 8 ft 2 in
8) 2 ft

Exercise #19

1) 1 ft
2) 6 ft
3) 3 ft 2 in
4) 7 ft 4 in
5) 6 in
6) 2 ft
7) 1 ft 6 in
8) 9 in

Exercise #20

1) 4 ft 8 in
2) 6 ft 8 in
3) 3 ft 3 in
4) 4 ft 11 in
5) 4 ft 3 in
6) 2 in
7) 5 ft 6 in
8) 5 ft 8 in

Exercise #21

1) 4 ft 4 3/4 in
2) 4 ft
3) 5 ft 4 in
4) 2 ft 11 1/2 in
5) 4 ft 7 1/2 in
6) 6 ft 6 in
7) 3 ft 8 3/4 in
8) 6 ft 9 in

Exercise #22

1) 6 1/2 in
2) 4 in
3) 3 ft 5 in
4) 2 ft 9 3/4 in
5) 5 ft
6) 1 ft 1 3/4 in
7) 5 1/2 in
8) 6 ft 8 in

Exercise #23

1) 8 ft 1 in
2) 6 1/2 in
3) 4 in
4) 11 3/4 in
5) 2 ft 7 1/2 in
6) 7 in
7) 6 ft 5 3/4 in
8) 6 ft 2 in

Exercise #24

1) 5 ft 1/2 in
2) 6 ft 5 in
3) 7 in
4) 8 ft 2 3/4 in
5) 2 ft
6) 3 ft 3 3/4 in
7) 2 ft 10 1/2 in
8) 7 ft 1 in

Exercise #25

1) 7 ft 11½ in
2) 1 ft 3 in
3) 6 ft 10½ in
4) 2 ft 9 in
5) 2 ft 10 in
6) 3 ft 10½ in
7) 3 ft 9 in
8) 5 ft 1½ in

Exercise #26

1) 3 ft 7½ in
2) 1 ft 4 in
3) 2 ft 9 in
4) 3 ft ½ in
5) 6 in
6) 6 ft 8½ in
7) 4 ft 9 in
8) 5 ft ½ in

Exercise #27

1) 1 ft 2½ in
2) 2 ft 11 in
3) 6 ft 5½ in
4) 7 ft 4 in
5) 5½ in
6) 6 ft
7) 3 ft 8½ in
8) 1 ft 1 in

Exercise #28

1) 5 ft 8½ in
2) 4 ft 1 in
3) 2 ft 6 in
4) 1 ft 10½ in
5) 2 ft ½ in
6) 6 ft 6 in
7) 2 ft 3 in
8) 3 ft 5½ in

Exercise #29

1) 2 ft 4⅝ in
2) 1 ft 9 in
3) 7 ft 11½ in
4) 4 ft 5 in
5) 1 ft 7½ in
6) 4 in
7) 1 ft 5 in
8) 6 ft 4½ in

Exercise #30

1) 1 ft 2 in
2) 6 ft 3⅝ in
3) 10½ in
4) 5 ft 2 in
5) 8 in
6) 1 ft 10½ in
7) 7 ft 6 in
8) 11½ in

Exercise #31

1) 1 ft 11½ in
2) 7 ft 1 in
3) 5 ft 5½ in
4) 6 ft 3 in
5) 2 ft 6½ in
6) 7 ft 5 in
7) 2 ft 3 in
8) 2 ft 4½ in

Exercise #32

1) 4 ft 1⅜ in
2) 2 ft
3) 3 ft 11½ in
4) 1 ft
5) 6 ft
6) 4 ft 5½ in
7) 4 ft 7 in
8) 6 ft 7½ in

Exercise #33

1) 6 ft 2 in
2) 2 ft 10 ½ in
3) 6 in
4) 4 ft 11 ½ in
5) 7 in
6) 1 ft 6 ½ in
7) 2 ft ½ in
8) 4 ft 10 in

Exercise #34

1) 4 ft 10 in
2) 4 ft 4 ½ in
3) 4 in
4) 1 ft 1 ½ in
5) 1 ft 10 in
6) 3 ft 8 ½ in
7) 1 ft 7 ½ in
8) 2 ft 6 in

Exercise #35

1) 4 ½ in
2) 5 ft 7 in
3) 1 ft 4 in
4) 6 ft 10 ½ in
5) 6 ft 4 ½ in
6) 1 ft 11 in
7) 7 ft 11 ½ in
8) 7 ft 8 in

Exercise #36

1) 1 ft 3 in
2) 2 ft 8 ½ in
3) 3 ft 11 ½ in
4) 11 in
5) 5 ft 9 ½ in
6) 4 ft 3 in
7) 8 ft 2 ½ in
8) 5 ft 11 in

Exercise #37

1) 3 in
2) 7 ½ in
3) 4 ft 11 ½ in
4) 6 ft 5 in
5) 5 ft 8 in
6) 4 ft ½ in
7) 2 ft 11 ½ in
8) 5 ft 10 in

Exercise #38

1) 3 ft 5 ½ in
2) 4 ft 6 in
3) 4 ft 10 in
4) 4 ft 11 ½ in
5) 4 ft
6) 4 ½ in
7) 3 in
8) 2 ft 9 ½ in

Exercise #39

1) 3 ft 5 in
2) 2 ft 10 ½ in
3) 1 ft 3 ½ in
4) 3 ft 8 in
5) 6 ft 7 ½ in
6) 3 ft
7) 5 ft 5 in
8) 2 ft 8 ½ in

Exercise #40

1) 1 ft 5 in
2) 1 ft 4 ½ in
3) 4 ft 9 ½ in
4) 9 in
5) 6 ft 7 ½ in
6) 6 ft 6 in
7) 8 ft 1 in
8) 5 ft 2 ½ in

Exercise #41

1) 3 ft 3¾ in
2) 1 ft 11¾ in
3) 1 ft 9½ in
4) 6 in
5) 2 ft 10½ in
6) 2 ft 7 in
7) 1 ft 8¾ in
8) 2 ft 11¾ in

Exercise #42

1) 6 ft 6¾ in
2) 7 ft 11½ in
3) 2 ft ¼ in
4) 6 ft 8 in
5) 6 ft
6) 1 ft 2½ in
7) 3 ft 7¾ in
8) 5 ft 11¼ in

Exercise #43

1) 2¾ in
2) 1 ft 1¼ in
3) 6½ in
4) 5 ft 5 in
5) 2 ft 9 in
6) 1 ft 7¾ in
7) 7 ft 9¼ in
8) 1 ft 10½ in

Exercise #44

1) 3½ in
2) 3 ft 9¾ in
3) 8 ft ¾ in
4) 7 ft 7 in
5) 2 ft 6½ in
6) 6 ft 4¾ in
7) 3 ft 6¾ in
8) 10 in

Exercise #45

1) 5 ft 3 3/4 in
2) 2 ft 2 1/4 in
3) 2 ft 11 1/2 in
4) 1 ft 6 in
5) 4 ft 5 3/4 in
6) 8 ft 1/4 in
7) 1 ft 9 3/4 in
8) 1 ft 5 in

Exercise #46

1) 5 ft 7 1/4 in
2) 8 ft 1 in
3) 1 ft 6 1/2 in
4) 7 ft 6 3/4 in
5) 7 ft 11 1/4 in
6) 6 ft 5 in
7) 1 ft 4 3/4 in
8) 7 ft 4 3/4 in

Exercise #47

1) 5 ft 8 3/4 in
2) 11 1/2 in
3) 2 ft 11 in
4) 1 ft 2 3/4 in
5) 1 ft 9 3/4 in
6) 5 in
7) 1 ft 3 3/4 in
8) 2 ft 4 3/4 in

Exercise #48

1) 2 ft 11 1/4 in
2) 7 ft 2 3/4 in
3) 7 ft 8 1/2 in
4) 7 in
5) 1 ft 4 1/4 in
6) 6 ft 7 in
7) 1 ft 5 3/4 in
8) 2 ft 3 1/2 in

Exercise #49

1) 3 ft 4½ in
2) 6 in
3) 5 ft 11¼ in
4) 5 ft 10¾ in
5) 6 ft 10¼ in
6) 3 ft 6 in
7) 1 ft 11¾ in
8) 4 ft 8½ in

Exercise #50

1) 6 ft
2) 7 ft 3¾ in
3) 2 ft 10¾ in
4) 8½ in
5) 5 ft 1 in
6) 5 ft 9¾ in
7) 4 ft 4½ in
8) 4 ft 7¼ in

Exercise #51

1) 2 in
2) 3¾ in
3) 4 ft 6¼ in
4) 5 ft 5½ in
5) 1 ft 4¼ in
6) 4 ft 5 in
7) 7 ft 9¾ in
8) 6 ft 6½ in

Exercise #52

1) 1 ft 6½ in
2) 1 ft 3¾ in
3) 4 ft 6¼ in
4) 5 ft 2 in
5) 1 ft 2¼ in
6) 6 ft 7½ in
7) 7 ft 11¾ in
8) 5 ft

Exercise #53

1) 1 ft 1 3/8 in
2) 6 ft 9 3/4 in
3) 8 3/4 in
4) 3 ft 2 in
5) 2 ft 2 1/4 in
6) 4 ft 2 3/4 in
7) 1 ft 4 3/8 in
8) 6 ft 1 in

Exercise #54

1) 3 ft 8 in
2) 3 ft 10 1/4 in
3) 2 ft 5 1/2 in
4) 5 3/8 in
5) 3 ft 1/2 in
6) 8 ft 1 1/4 in
7) 3 ft 7 3/4 in
8) 6 ft 1 in

Exercise #55

1) 1 3/4 in
2) 1 ft 7 in
3) 2 ft 1 1/4 in
4) 6 ft 9 3/4 in
5) 3 ft 10 3/4 in
6) 6 ft 8 in
7) 8 1/2 in
8) 8 ft 2 1/4 in

Exercise #56

1) 7 ft 3 3/4 in
2) 4 1/2 in
3) 4 ft 1 3/4 in
4) 5 ft 6 in
5) 3 ft 1 1/4 in
6) 2 ft 2 3/4 in
7) 3 ft 5 in
8) 1 ft 6 1/2 in

Exercise #57

1) 2 ft 3½ in
2) 5 ft 6 in
3) 5 ft 9¾ in
4) 2 ft 2¼ in
5) 7 ft 4 in
6) 1 ft 6¾ in
7) 7 ft 8¼ in
8) 8 ft 2½ in

Exercise #58

1) 3 ft 6 in
2) 6 ft 1¾ in
3) 4 ft 9½ in
4) 2 ft 4¼ in
5) 1 ft 4½ in
6) 1 ft 9¾ in
7) 3 ft
8) 5 ft 9¼ in

Exercise #59

1) 7 ft 7¾ in
2) 1 ft 6¼ in
3) 5 ft 5½ in
4) 1 ft 10 in
5) 1 ft 8½ in
6) 5 ft 11¼ in
7) 3 ft 7 in
8) 6 ft 3¾ in

Exercise #60

1) 1 ft 1¼ in
2) 6 ft 4½ in
3) 1 ft 8 in
4) 7¾ in
5) 9½ in
6) 5 ft 2¾ in
7) 5 ft 7 in
8) 3 ft 5¼ in

Exercise #61

1) 1 ft 8 3/8 in
2) 2 ft 8 3/8 in
3) 1 ft 10 7/8 in
4) 7 ft 10 1/4 in
5) 1 ft 2 5/8 in
6) 4 ft 1 in
7) 4 ft 11 1/2 in
8) 6 ft 6 3/4 in

Exercise #62

1) 1 1/2 in
2) 3 ft 9 5/8 in
3) 6 ft 5 1/4 in
4) 2 ft 10 7/8 in
5) 7 ft 8 3/8 in
6) 1 ft 8 3/8 in
7) 5 ft 6 3/4 in
8) 3 ft 8 in

Exercise #63

1) 1 ft 3 7/8 in
2) 7 ft 4 3/8 in
3) 6 1/4 in
4) 1 ft 10 in
5) 1 ft 4 3/4 in
6) 3 ft 5 5/8 in
7) 6 ft 1 3/8 in
8) 3 1/2 in

Exercise #64

1) 2 ft 10 1/8 in
2) 5 ft 3 1/4 in
3) 1 ft 8 5/8 in
4) 7 3/8 in
5) 2 ft 4 in
6) 5 ft 5 1/2 in
7) 1 ft 7 7/8 in
8) 4 ft 9 3/8 in

Exercise #65

1) 4 ft 8 $\frac{7}{8}$ in

2) 5 $\frac{1}{8}$ in

3) 1 ft $\frac{3}{8}$ in

4) 2 $\frac{1}{2}$ in

5) 3 ft 6 $\frac{3}{4}$ in

6) 1 ft 3 $\frac{3}{4}$ in

7) 7 ft 11 $\frac{5}{8}$ in

8) 11 in

Exercise #66

1) 5 ft 7 $\frac{3}{4}$ in

2) 2 $\frac{7}{8}$ in

3) 1 ft 11 $\frac{5}{8}$ in

4) 6 ft $\frac{1}{2}$ in

5) 7 ft 11 in

6) 4 ft 8 $\frac{3}{8}$ in

7) 7 $\frac{3}{8}$ in

8) 2 ft $\frac{1}{4}$ in

Exercise #67

1) 2 ft 4 in

2) 6 ft 9 $\frac{5}{8}$ in

3) 7 ft 1 $\frac{1}{2}$ in

4) 3 ft 6 $\frac{7}{8}$ in

5) 3 ft 1 $\frac{3}{4}$ in

6) 6 ft 11 $\frac{1}{8}$ in

7) 6 $\frac{1}{2}$ in

8) 3 ft 5 $\frac{5}{8}$ in

Exercise #68

1) 3 ft 10 in

2) 8 ft 2 $\frac{3}{8}$ in

3) 7 $\frac{1}{2}$ in

4) 7 ft 7 $\frac{3}{4}$ in

5) 4 ft 1 $\frac{1}{8}$ in

6) 2 ft 9 $\frac{5}{8}$ in

7) 3 ft 1 $\frac{1}{4}$ in

8) 3 $\frac{7}{8}$ in

Exercise #69

1) 6 ft $9\frac{3}{4}$ in
2) 4 ft $4\frac{3}{4}$ in
3) 7 ft $5\frac{3}{4}$ in
4) 4 ft $\frac{5}{8}$ in
5) 1 ft $3\frac{1}{2}$ in
6) 3 ft 5 in
7) 5 ft $8\frac{7}{8}$ in
8) 7 ft $4\frac{1}{4}$ in

Exercise #70

1) 5 ft
2) $8\frac{7}{8}$ in
3) 7 ft $1\frac{3}{4}$ in
4) 5 ft $6\frac{5}{8}$ in
5) 3 ft $1\frac{3}{4}$ in
6) 4 ft $11\frac{1}{2}$ in
7) 7 ft $\frac{1}{4}$ in
8) 5 ft $9\frac{3}{4}$ in

Exercise #71

1) 5 ft $9\frac{1}{2}$ in
2) 1 ft $4\frac{3}{4}$ in
3) 1 ft $3\frac{7}{8}$ in
4) 6 ft 1 in
5) 1 ft $6\frac{3}{4}$ in
6) $2\frac{1}{8}$ in
7) 6 ft $6\frac{7}{8}$ in
8) 1 ft $10\frac{3}{4}$ in

Exercise #72

1) 6 ft $3\frac{1}{8}$ in
2) 7 ft $6\frac{3}{8}$ in
3) 3 ft $6\frac{5}{8}$ in
4) 2 ft
5) 6 ft $8\frac{3}{4}$ in
6) 6 ft $7\frac{1}{4}$ in
7) 6 ft $9\frac{1}{2}$ in
8) 5 ft $7\frac{7}{8}$ in

Exercise #73

1) 6 ft $\frac{3}{8}$ in
2) 1 ft 7 in
3) 7 ft 6 $\frac{7}{8}$ in
4) 8 ft 2 $\frac{1}{4}$ in
5) 2 ft $\frac{1}{8}$ in
6) 3 ft 5 $\frac{5}{8}$ in
7) 7 ft 4 $\frac{3}{4}$ in
8) 1 ft 8 $\frac{1}{2}$ in

Exercise #74

1) 4 ft 8 $\frac{3}{4}$ in
2) 6 ft
3) 3 ft 5 $\frac{4}{8}$ in
4) 7 ft 6 $\frac{3}{8}$ in
5) 2 ft 6 $\frac{1}{4}$ in
6) 3 ft 3 $\frac{7}{8}$ in
7) 1 ft 7 $\frac{1}{8}$ in
8) 5 ft 2 $\frac{1}{8}$ in

Exercise #75

1) 2 ft 6 $\frac{1}{4}$ in
2) 4 ft $\frac{7}{8}$ in
3) 2 ft 5 $\frac{1}{8}$ in
4) 5 $\frac{1}{2}$ in
5) 5 ft 10 $\frac{5}{8}$ in
6) 4 ft 6 $\frac{3}{4}$ in
7) 1 ft 6 $\frac{3}{8}$ in
8) 1 ft 8 in

Exercise #76

1) 6 ft 7 $\frac{1}{8}$ in
2) 1 ft 5 $\frac{3}{8}$ in
3) 5 ft 3 $\frac{3}{8}$ in
4) 5 ft 7 in
5) 4 $\frac{3}{4}$ in
6) 5 ft 4 $\frac{1}{4}$ in
7) 1 ft 7 $\frac{3}{8}$ in
8) 1 ft 10 $\frac{7}{8}$ in

Exercise #77

1) 7 ft 10 $\frac{1}{8}$ in
2) 5 ft 8 $\frac{3}{8}$ in
3) 2 ft 11 $\frac{7}{8}$ in
4) 4 ft 11 $\frac{5}{8}$ in
5) 7 $\frac{1}{2}$ in
6) 5 ft 1 in
7) 2 ft 7 $\frac{3}{4}$ in
8) 2 ft $\frac{3}{8}$ in

Exercise #78

1) 4 ft 6 $\frac{1}{2}$ in
2) 5 ft 4 $\frac{5}{8}$ in
3) 1 ft
4) 2 ft 3 $\frac{1}{4}$ in
5) 4 ft 11 $\frac{3}{4}$ in
6) 1 ft 9 $\frac{3}{8}$ in
7) 2 ft 5 $\frac{7}{8}$ in
8) 3 ft 8 $\frac{1}{4}$ in

Exercise #79

1) 1 ft 3 $\frac{3}{4}$ in
2) 5 ft 5 $\frac{7}{8}$ in
3) 2 ft 9 $\frac{1}{2}$ in
4) 5 ft 3 $\frac{3}{8}$ in
5) 3 ft 5 $\frac{5}{8}$ in
6) 9 in
7) 3 ft 1 $\frac{7}{8}$ in
8) 11 $\frac{3}{8}$ in

Exercise #80

1) 2 ft 7 $\frac{3}{8}$ in
2) 3 ft 11 $\frac{1}{4}$ in
3) 7 $\frac{3}{8}$ in
4) 8 ft 1 $\frac{1}{2}$ in
5) 2 ft 3 $\frac{3}{4}$ in
6) 6 ft 6 $\frac{1}{4}$ in
7) 5 ft 5 $\frac{7}{8}$ in
8) 4 ft 5 in

Exercise #81

1) 1 ft 2 3/4 in
2) 6 ft 2 7/16 in
3) 1 ft 4 15/16 in
4) 2 ft 8 3/4 in
5) 3 ft 7 7/8 in
6) 6 ft 5/16 in
7) 2 ft 11 3/8 in
8) 1 ft 11 3/16 in

Exercise #82

1) 1 ft 5 3/4 in
2) 1 ft 2 13/16 in
3) 2 ft 5 7/8 in
4) 6 ft 2 in
5) 2 ft 1 1/2 in
6) 1 7/16 in
7) 6 ft 7 5/16 in
8) 4 ft 7 15/16 in

Exercise #83

1) 6 ft 2 in
2) 2 ft 5 7/8 in
3) 2 ft 4 3/16 in
4) 7 ft 3 5/8 in
5) 10 5/16 in
6) 4 ft 4 7/16 in
7) 1 ft 2 3/4 in
8) 5 ft 10 15/16 in

Exercise #84

1) 4 ft 2 13/16 in
2) 1 ft 11 5/16 in
3) 5 ft 11 7/16 in
4) 1 ft 5 11/16 in
5) 2 ft 5 in
6) 3 ft 8 3/4 in
7) 2 ft 8 1/4 in
8) 1 ft 10 1/2 in

Exercise #85

1) 5 ft 6 $\frac{1}{8}$ in
2) 4 ft
3) 5 ft 5 $\frac{7}{8}$ in
4) 6 ft 3 $\frac{1}{16}$ in
5) 3 ft $\frac{3}{4}$ in
6) 2 ft 2 $\frac{15}{16}$ in
7) 5 $\frac{9}{16}$ in
8) 4 ft 2 $\frac{5}{8}$ in

Exercise #86

1) 1 ft 3 $\frac{15}{16}$ in
2) 1 ft 8 $\frac{1}{16}$ in
3) 2 ft 3 $\frac{5}{16}$ in
4) 8 ft 1 $\frac{8}{16}$ in
5) 8 ft 2 $\frac{7}{8}$ in
6) 2 ft 11 $\frac{5}{16}$ in
7) 1 ft 9 $\frac{3}{8}$ in
8) 6 ft 11 $\frac{3}{16}$ in

Exercise #87

1) 7 $\frac{1}{8}$ in
2) 7 ft $\frac{1}{2}$ in
3) 3 ft 1 in
4) 5 ft $\frac{9}{16}$ in
5) 2 ft 7 $\frac{3}{8}$ in
6) 5 ft 3 $\frac{2}{8}$ in
7) 8 ft $\frac{3}{8}$ in
8) 5 $\frac{7}{16}$ in

Exercise #88

1) 3 $\frac{7}{8}$ in
2) 8 ft 2 $\frac{15}{16}$ in
3) 7 $\frac{13}{16}$ in
4) 7 ft $\frac{5}{8}$ in
5) 4 ft 2 $\frac{1}{16}$ in
6) 11 $\frac{1}{2}$ in
7) 2 $\frac{1}{8}$ in
8) 7 ft 10 $\frac{9}{16}$ in

Exercise #89

1) 4 ft 8 9/16 in
2) 3 ft 10 1/8 in
3) 4 ft 2 7/8 in
4) 4 1/16 in
5) 5 ft 7 11/16 in
6) 7 ft 9 3/8 in
7) 2 ft 4 7/8 in
8) 1 ft 7 1/4 in

Exercise #90

1) 8 ft 2 3/8 in
2) 1 ft 2 5/16 in
3) 3 ft 3 in
4) 5 ft 1 9/16 in
5) 2 ft 11 13/16 in
6) 10 3/4 in
7) 4 ft 8 7/8 in
8) 4 ft 7 3/8 in

Exercise #91

1) 1 ft 1 3/16 in
2) 3 ft 10 13/16 in
3) 1 ft 1/4 in
4) 3 ft 6 11/16 in
5) 8 3/8 in
6) 4 ft 1 9/16 in
7) 1 ft 2 7/8 in
8) 4 ft 2 1/2 in

Exercise #92

1) 1 ft 1/2 in
2) 3 ft 5 3/8 in
3) 4 ft 9 1/4 in
4) 4 ft 5 5/16 in
5) 4 ft 2 7/8 in
6) 6 ft 4 7/8 in
7) 7 ft 8 13/16 in
8) 3 ft 7 11/16 in

Exercise #93

1) $1\frac{11}{16}$ in

2) $4\frac{5}{16}$ in

3) 7 ft $2\frac{1}{2}$ in

4) 4 ft $5\frac{7}{16}$ in

5) 2 ft $3\frac{13}{16}$ in

6) 5 ft $7\frac{5}{8}$ in

7) 7 ft $5\frac{3}{8}$ in

8) 6 ft $4\frac{8}{16}$ in

Exercise #94

1) 7 ft $2\frac{1}{4}$ in

2) 5 ft $9\frac{5}{8}$ in

3) 2 ft 8 in

4) 5 ft $10\frac{5}{16}$ in

5) 1 ft $3\frac{11}{16}$ in

6) 3 ft $5\frac{1}{4}$ in

7) $9\frac{7}{8}$ in

8) 1 ft $7\frac{3}{4}$ in

Exercise #95

1) 7 ft $11\frac{3}{16}$ in

2) 1 ft $1\frac{11}{16}$ in

3) 2 ft $3\frac{7}{8}$ in

4) 8 ft $2\frac{1}{16}$ in

5) 6 ft $6\frac{1}{2}$ in

6) 7 ft $5\frac{8}{8}$ in

7) 5 ft $2\frac{13}{16}$ in

8) 2 ft $7\frac{1}{8}$ in

Exercise #96

1) 2 ft $2\frac{1}{16}$ in

2) 2 ft $7\frac{3}{8}$ in

3) 1 ft $5\frac{5}{8}$ in

4) 1 ft $5\frac{8}{16}$ in

5) 1 ft $11\frac{5}{16}$ in

6) 2 ft $8\frac{15}{16}$ in

7) 5 ft $2\frac{3}{4}$ in

8) 3 ft $3\frac{7}{8}$ in

Exercise #97

1) 7 ft 8 ¾ in
2) 1 15/16 in
3) 4 ft 4 1/16 in
4) 7 ft 3 3/8 in
5) 1 ft 6 9/16 in
6) 3 ft 10 13/16 in
7) 5 ft 11/16 in
8) 3 ft 6 7/8 in

Exercise #98

1) 2 ft 11 5/16 in
2) 5 ft 7/8 in
3) 7 1/4 in
4) 2 ft 8 3/16 in
5) 3 ft 11 11/16 in
6) 3 ft 6 3/4 in
7) 1 1/8 in
8) 3 ft 5 9/16 in

Exercise #99

1) 11 3/16 in
2) 5 ft 8 1/16 in
3) 2 7/16 in
4) 2 ft 7 15/16 in
5) 3 ft 10 9/16 in
6) 1 ft 3 11/16 in
7) 1 ft 8 in
8) 1 1/8 in

Exercise #100

1) 3 ft 5 3/16 in
2) 1 ft 10 1/4 in
3) 7 ft 5 9/16 in
4) 4 ft 8 7/16 in
5) 2 ft 10 11/16 in
6) 2 ft 3 1/2 in
7) 8 1/8 in
8) 1 ft 2 13/16 in

Printed in Great Britain
by Amazon

14939170R00072